A mes bien-aimés Chloe, Luke et Mia,

Que vos amitiés soient toujours merveilleuses.

COPYRIGHT © 2020
St Shenouda Press

Tous droits réservés. Toute reproduction intégrale ou partielle,
sous quelque forme que ce soit, est interdite sans autorisation écrite préalable de l'auteur.

ST SHENOUDA PRESS
8419 Putty Rd,
Putty, NSW, 2330
Sydney, Australia

www.stshenoudapress.com

ISBN 13: 978-0-6488658-4-1

Il était une fois un homme très saint, qui s'appelait le Pape Cyril.

Il était le chef de son peuple à travers le monde. Son peuple était connu sous le nom des « Coptes ».

Un jour, il était contrarié car il avait tellement de choses à faire et il n'était pas certain de savoir comment les gérer.

Il avait une Église à diriger, de nombreux problèmes à résoudre et tellement de personnes à aider !

Bien que le Pape Cyril fût toujours entouré de nombreuses personnes pour l'aider dans son ministère et que plusieurs personnes auraient souhaité se lier d'amitié avec lui, il lui manquait quelque chose de plus...

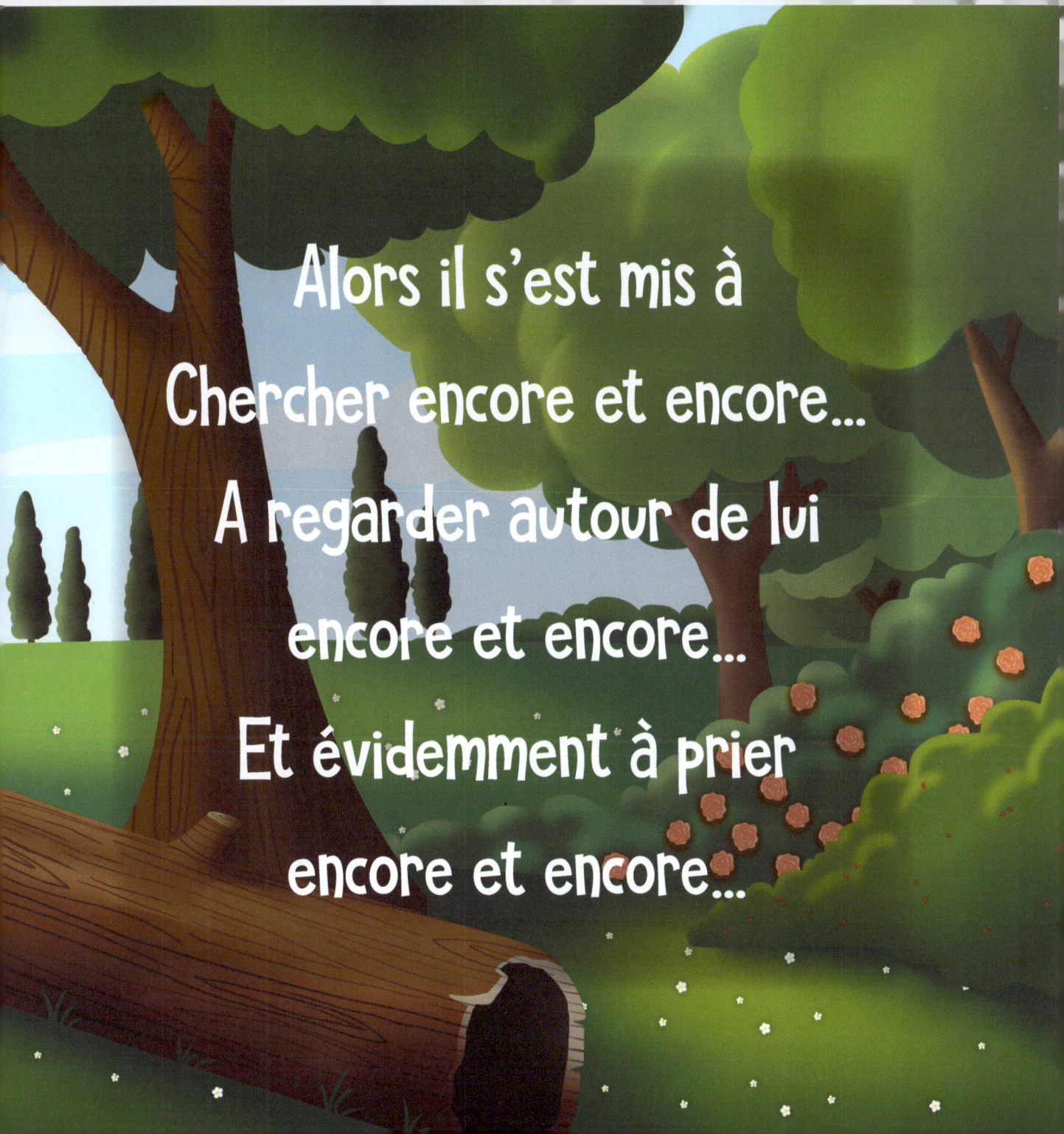

Alors il s'est mis à
Chercher encore et encore...
A regarder autour de lui
encore et encore...
Et évidemment à prier
encore et encore...

Enfin, il trouva un ami très spécial. Son ami n'était pas un ami ordinaire.

Son nom était saint Mina.

Il n'était pas pareil aux autres amis… parce que saint Mina vivait au paradis, c'est-à-dire dans le ciel.

Saint Mina descendait du paradis pour passer du temps avec le Pape Cyril à chaque fois que ce dernier l'appelait.

Le Pape Cyril appelait saint Mina en lui demandant d'intercéder pour lui, c'est-à-dire de prier pour lui.

Saint Mina est devenu un ami fidèle du Pape Cyril car il l'aimait beaucoup et voulait toujours passer du temps avec lui.

De nombreuses fois, le Pape faisait appel au saint pour qu'il l'aide à guérir les gens de leurs maladies et à répondre à leurs prières.

A chaque fois que le Pape Cyril le demandait, saint Mina lui venait rapidement en aide.

Et c'est ainsi que le Pape Cyril trouva quelqu'un pour l'aider et devenir son ami.

Le Pape Cyril et saint Mina restèrent meilleurs amis pour toujours !

www.ingramcontent.com/pod-product-compliance
Lightning Source LLC
LaVergne TN
LVHW072117070426
835510LV00002B/99